Arthur Heller
Leit' gibt's

Arthur Heller

Leit' gibt's ...

Bajuwarisch literarische Reimkost

querbeet und bunt gemischt
von deftig, skurril ... bis erlesen

Turmschreiber Verlag

Umschlaggestaltung unter Verwendung einer Kopie von Max Liebermanns
„Münchener Biergarten" (1884). Foto Günter Pump

Bibliografische Information der Deutschen Nationalbibliothek

Die Deutsche Nationalbibliothek verzeichnet diese Publikation in der
Deutschen Nationalbibliografie; detaillierte bibliografische Daten sind im
Internet über http://dnb.d-nb.de abrufbar.

Mein herzlicher Dank gilt Günter Schneeberger, München,
der mir bei allen Problemen der bairischen Sprache und ihrer Schreibweise
und durch viele weitere Anregungen mit hervorragender Sachkenntnis
geholfen hat.

Zeichnungen von Marianne Heller-Seitz, außer
Seite 10 von Julia Seidl
Seite 24 von Arthur Heller

© 2011 by Turmschreiber Verlag Ingwert Paulsen jr. e. K., Husum

Gesamtherstellung: Husum Druck- und Verlagsgesellschaft
Postfach 1480, D-25804 Husum – www.verlagsgruppe.de
ISBN 978-3-938575-23-9

Vorwort

Perversitäts-Hinweis

Für an jeden, der's Boarische mog und versteht,
der auf d' Heiterkeit ungern verzichtet,
hod a schwäbischer Bayer – in Spätpubertät –
teils aus Witzen und teils aus der Realität
pointierte Verserl gedichtet.

Manches is heut so ung'reimt, wia's ärger ned geht,
do sollt G'reimtes Vergnügen bereitn,
wo ma zuadem „per Vers" ois vui leichter versteht!
Ja, vielleicht kannt dee Sortn vo „Per-Vers-ität"
oan zum „Lesn auf Boarisch" verleitn.

Hauptsach,
    mir san g'sund!

Aufn Hund san s' kemma

A energischer Tierfreund aus Gmund
is allergisch, doch sonst pumperlg'sund.
Nach dem Allergietest
steht jetz eindeuti fest:
ausschlaggebend san d' Haar' vo sei'm Hund!

Prost, G'sundheit!

Am Stammtisch redn die oidn Herrn
oft drüber, dass s' hoid kränker wern,
weil, irgendwas duad jeden plagn,
und jeder koo dazua was sagn.

Nach a paar Bier werd aa dischgriert,
wia ma die Krankheitn taxiert.
Klar, wann ma's selber richtn kunnt,
waar koaner krank und jeder gsund.

Doch müasst ma wähln zwischn zwoa Leidn,
dees waar oft **ned** leicht zum entscheidn!
Liaber Alzheimer statt Parkinson?
Do woaßt ned glei, was sollst oam rod'n!

Da Sepp hod dazua g'moant, ganz klar,
dass Alzheimer dees g'scheider waar:
„Besser, wannsd moi d' Maß zum zoin vaschwitzt,
als dass d' as jeden Tag vaschüttst!"

Schadstoff-Recycling

Da Wast si untersuacha lasst:
„Z'vui Wasser in de Haxn hast!
An Haufn Kalk wia sunst kaum oana,
und in da Niern an Zentner Stoana!"

„Bist sicher, Dokta", moant da Wast,
„dass sonst si nix mehr findn lasst?
Weil, wann si a Zement no fand,
hätt i für 'n Neubau ois beinand!"

Da Dokta

Da Dokta hockt scho a paar Stund'
zum Schofkopfa beim Hirschwirt drunt
und werd, grad ham s' a Schpui og'fangt,
dringend am Telefon verlangt:

„Am Huber Schorsch geht's gar ned guad!"
Glei greift da Dokta nach sei'm Huat.
De Spezis frotzln: „Hock di hi,
da Huber stirbt aa ohne di!"

Doch do lasst er si ned beirrn:
„Es kannt no Schlimmeres passier'n!
Da Schorsch, dees is a zacher Hund,
der werd am End ohne mi gsund!"

De zwoa Dokta

Im Dorf gibt's zwoa Dokta
scho seit längerer Zeit,
den oan für de Viecher
und den andern für d' Leit'.
Oiwei frotzelt der oane
sein' Kollegn beim Bier:
„Mei, **du** hosd's hoid leicht,
verglicha mit mir,
weil a oide Kua nia sagt,
was ihr grad so fehlt,
während jeds oide Weiberl
dees als Erschts glei vazählt!"

Moi werd der Viechdokta krank,
und der oide Schlawiner
schickt sofort nach sei'm Spezl,
dem Humanmediziner.
Bald drauf is der scho do:
„Ja, wo fehlt's da denn Max?
Am Kreislauf, am Magen,
oder wieder am Hax?"
Doch der liegt leidend im Bett,
schaugt auf d' Zimmerdeckn nauf,
und er macht ums Verrecka
sei Mäu hoid ned auf.

Der Arzt untersuacht 'n
vo vorn und vo hintn,
kon aber anscheinend
koa Diagnosn ned findn:
„Schaugt zwar ned so guad aus,
doch koa Grund zum vadriaßn.
Mir wern hoid in Gotts Nama
notschlachtn miassn!"

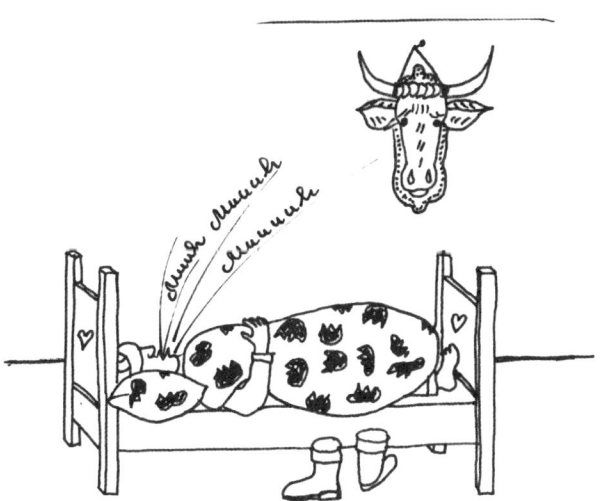

Hausarzt-Image

Da Schorsch und 's Enkerl Maxe,
grad vier Johr' is da Bua,
gengan sonntags spaziern,
do hod da Opa Zeit gnua.
„Ja wer kimmt denn do vorn?
– Ebba gar da Dokta Dachs?"
Dees is da Hausarzt der Familie.
„Der hod aa **di** scho g'impft, Max!"

„Grüaß di Schorsch!", sagt da Dokta,
„mei, dees is ja ganz g'wandt,
mir foid ei, dass ma g'schwind no
wos erledign kannt.
Kummts ihr zwoa doch mit umi,
brauchts ja gor ned lang bleib'm,
bloss an Wisch vo da Kassn,
miassadst hoid unterschreib'm."

Plötzli fahrt was in den Maxl,
er laaft oo, ganz feierrot,
da Opa kon eahm kaum derhaltn,
fragt an Buam, was er denn hod?
„I geh nia mehr zua **dem** hi,
weil jetz **kenn** i 'n, den Moo,
der duad da woaß God wia schee,
dass er di in Oarsch stecha koo!"

Prost, Prostata!

Im Wirtshaus, wiar aa sonst im Leb'm,
mog da Gustl ned an Ton ogeb'm.
Er is koa Liacht, kloa vo Gestalt
und zuadem – mei – er stoddert hoid.

Heit hod die Biertisch-Männerrundn
die „Prostata" als Thema g'fundn.
Für 'n Gustl freili is dees nei:
„Ww-as ss-oll dees ff-ür a Ll-eidn sei?"

Da Wast erklärt's dem Gustl gern:
„Dees Leidn trifft die ältern Herrn,
de schaung ned krank aus, ned verletzt,
de bisln bloß so, wia du redst!"

Fachchinesologen

Leit' gibt's, de redn daher so g'schwolln,
grad so, als ob se's gar ned wolln,
dass a normaler Mensch, der s' hört,
so ohne Weitres schlau draus werd.

Ob Englisch, Griechisch, ob Latein,
irgend a Fremdsprach derf ned fehln,
mit der ma eindrucksvoll jongliert,
dass 's ned a jeder glei kapiert.

Die Top-Verschleierungs-Schlawiner
war'n oiwei scho de Mediziner.
A Fremdwort, meist mit „-loge" am End,
an Facharzt beispuisweis benennt.

Wer die Bedeutung ned versteht
vom Fremdwort, dees vorm „-loge" steht,
der kon dees, ohne si zum schinden,
mit Logik ganz leicht aussafindn:

Wenn mal was am Genick di plagt,
der Genykologe is angesagt.
's is, wenn's in den Gedärmen feit,
für'n Därmatologen höchste Zeit.

Und wennsd amoi fast nix mehr heerst,
na gehst zum Ohrtopeden z'erst.
Für d' Arztrechnung der Spezialist
ein Giro-Praktiker meist ist.

Wer starken Schmerz im Hintern spürt,
an Arschäologen konsultiert,
wobei oans a Problem sei kunnt:
Der is 's halb Jahr z' Ägypten drunt!

Guade oide Zeit?

Ja, de guade oide Hebamm,
de hod g'red't mit de Leit'
und hod manches vazählt no
aus da guadn oidn Zeit.

So zum Beispui vo der Schwangern,
de si fürchterli g'schundn,
bis se ihr'n siebt'n Buam
Gott sei Dank hod entbundn.

's is a schware Geburt g'ween,
nach vui Schmerz und Bemüahn,
und dees Kind war so komisch,
hod kaum g'schnauft und ned g'schrian.

Aa der Wöchnerin selber
is dees glei scho aufg'foin:
„Wann's da oanzige Bua waar,
müassat an Dokta ma hoin!"

Wia ma bei uns hoid so red't!

Mir kenna dees aa!

Bei manchane Fremdsprachn
do is oans b'sonders g'schert,
dass ma vieles ganz anders schreibt,
ned a so, wia ma's hört.

Zua'ra Stadt in Südfrankreich
sogn s' zum Beispui „Bordoh",
aber schreib'm dean s'es B-o-r-d-e-a-u-x,
du, do frogst di fei scho?

Ned vui besser is' in England:
„Dschördschil" ham s' do oan g'nennt,
aber g'schrieb'm ham s' eahm „C-h-u-r-c-h-i-l-l",
ja Bluatsaprament!

So was Ähnlichs gibt's vereinzelt
hier in Bayern scho aa,
weil mir schreib'm zwar „W-i-e b-i-t-t-e?"
Bloß sogn dean mir „Ha?"

Da Dack'l vom Jak'l

Ja da oide Jak'l
und sei' Schnupftabak'l
de g'hörn z'sam sozusagn.

's waar fast a Mirak'l,
daad da oide Jak'l
in sei'm Hosnsack'l
ned oiwei a Pack'l
vo dem Zeig bei si tragn!

Ja da oide Jak'l
und sei' Rauhaardack'l
g'hörn aa z'sam sozusagn.

Bloß dees Schnupftabak'l
vo dem großn Lack'l
koo der kloane Zwack'l
mit sei'm feinn G'schmack'l
schoo glei gar ned vertrag'n!

Wo sch…t man auf Deutsch?

Intressiert schaug an größeren Neubau i oo,
wo ma freili so schnell no ned eiziagn koo,
weil do hämmern und sägn und bohrn s' no vui,
wannsd as redn hörst, klingt's wiar a Fremdsprachenschui!

Gründli schaug i mi überoi um, und deswegn
ziagt mei Baustellenbsuach si ganz schee in die Läng.
Und so kimmt hoid ganz plötzli a Drang über mi,
a ganz menschlicher, kurz, i müasst ganz gschwind wo hi!!

Auf dem Bau aber fehlt, was i dringend hätt' nötig,
weil da war bis jetzt koa Sanitär-Monteur tätig!
Und so frog i an Türken, an freudlichen, netten:
„Gibt's denn hier in der Näh irgendwo Toilett'n?"

Der versteht offenbar nix vo dem, was i sag,
aa ned, wenn nach „00" und „WC" i eahm frag!
I probier's mit am ganzen Satz: „Du nix Abort?"
Aber dees hod er aa scheint's no nia g'hört, dees Wort.

Schliaßli fallt ma dann doch no a Lösungsweg ei:
Wer dem Türkn Deutsch beibracht hod, wer kannt dees sei?
I hob's troffn, denn g'strahlt hat er hell wia der Tag,
als i, Gott sei Dank, endli, nach am „Scheißhaus" eahm frag!

Jo-Jo-Jo

In am Raum an de fünfazwanz'g Kinder drin sitzen,
oisam aufg'regt bis hi zua de Fingerspitzen,
ham si langsam beruhigt, und jetz hockan s' aa scho,
dees Geschroa hod si g'legt und dees Freilein fangt o:

„Liebe Kinder, dass ich euch erst mal kennenlern,
möcht von jedem von euch ich den Namen gern hörn!"
Mutig meldt si a Kloana: „I bin der Sepp Kleist."
„Sepp ist bayrisch", korrigiert sie, „was auf Deutsch Josef
heißt."

„Und i hoaß Brenner Hans", tönt's in breitem Dialekt.
„In meiner Liste steht ‚Johann', ja so heißt du korrekt!"
Sei' Nachbar, der zögert, wia wann's oana ned woaß,
und sagt dann: „Jetz glaab i, dass i Bauer Jokurt hoaß!"

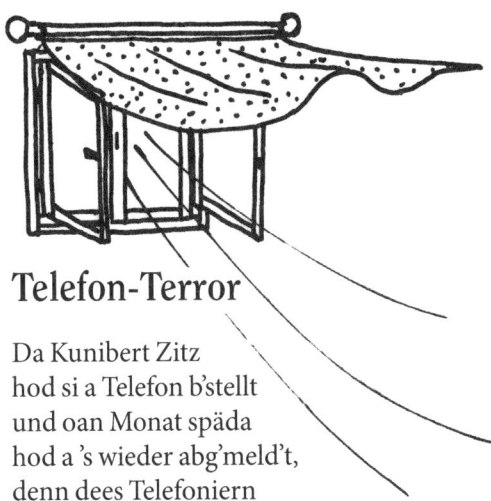

Telefon-Terror

Da Kunibert Zitz
hod si a Telefon b'stellt
und oan Monat späda
hod a 's wieder abg'meld't,
denn dees Telefoniern
daad eahm d' Nervn ruiniern.
Warum und weshalb,
hod a kurz mir vazählt!

„Wenn i telefonier,
kon i an andern kaum griaßn,
weil der glei so dumms Zeig red't,
grad um mi zum verdriaß'n.
I meld mi: „Hier Zitz!"
Und, als waar dees a Witz,
moant da ander: „Nacher daad i
dees Fenster hoid schliaßn!"

Oans macht do an Kuni
ganz besonders betroffn:
Er hod ja 's ganz Johr
fast koa Fenster ned offn!

Bayrischer Mittelweg

Für 'n Gottfried is da Kloagartn
sei Lieblingsort,
wann's ned stürmt oder hagelt,
is er fast oiwei dort.
So wia heit. Pünktli kimmt a grad
z'ruck vo sei'm Gartn,
weil, sei Frau, naa, dee lasst er
mit 'm Ess'n ned wartn!

No ned ganz bei da Tür drin
fragt eahm d' Frieda: „Sag scho,
wos is 'n passiert heit,
i siech's da doch oo?"
„Nix B'sonders, bloß mi'm Theo,
vom Gartn daneb'm,
hod's hoid wieder a moi
a Kloanigkeit geb'm!"

„Ob i 's Hackl eahm leih?,
frogt er mi übern Zaun.
Ja, was sollst jetz do sagn?
Weil ma kon eahm ned traun!
Da Theo, der Schlamper,
der verschmeißt ois oiwei,
drum hod a 's ja ned g'fundn,
dees Hackl, dees sei'!"

„Ja, wia hosd dann", fragt die Frieda,
„dees Problem überwundn?"
„Mei, i hob, Gott sei Dank,
an goldnen Mittelweg g'fundn,
konsequent in der Hauptsach,
aber freundli, ned barsch."
„Und was hosd nachher g'sagt zua eahm?"
„Leck mi am Arsch!"

Fehlfarben

Ja, mit am Kind hosd oft dei' Not,
weil's oiwei wos zum frogn hod.
Zum Beispui: „Babb, i wissat gern:
was san denn dees da vorn für Beer'n?"

„Dee kennt doch jeder, Blaubeern sans!"
„Warum san s' dann rod?", moant da kloa Hans.
„Mei, Bua, was frogst'n kreiz und quer?
Um de Zeit, do san s' hoid no grea!"

Texas Rancher

A texanischer Farmer
is in Bayern auf B'suach,
er hockt mit am Stammtisch
und red't wiar a Buach.
Und de Bayern erfahrn,
dass in Texas, ganz gwiss,
ois vui schener, vui besser
und **vui** gressa is.

„Ai need with my vehicle
circa five Stunden,
only um my gigantisches
Farm zu umrunden!"
„So wos kenna mir aa",
moant da Wast, „ohne Schmarrn,
mei Ford vor zwanz'g Johr'
war da gleich g'lumpad' Karrn!"

Bundeswehr-Karrier

Da Theo Schloch bemüht si sehr
um sei Laufbahn bei da Bundeswehr.
Zum Leitnant hod a hoch si g'raft
und aa sein Hauptmann hod a g'schafft.

Bloß gegen 'ne Majors-Karrier
setzt er energisch sich zur Wehr.
Erstaunlich, was dahintersteckt?
Er sagt: da boarisch' Dialekt!

„De ganze Anred stinkt ma halt,
wenn „Major-schloch" durch 's K asino schallt!
Waar i irgendwo drob'm bei de Preiß'n,
daad i mi um den Major nix scher'n!"

PS: Ich recherchierte im Archiv:
Vergleichbares lief auch früher schief.
Da gab's bereits zwei Major-Zurück-Schrecker:
Der eine hieß „Schwärmer", der andere „Schlecker"!

Ob's ohne Grant
aa geh' kannt?

Himmobilien-Mäkler

A bissl z'gaach in der Kurvn und scho stehn de zwoa Leit'
in der Schlange beim Check-in vorm himmlischen Gate.
Der Sankt Petrus schlagt nach in der Registratur:
„Soo lang **soo** fest verheirat? Do gibt's Bonus grad gnua!"

„Mei' Vorschlag waar: glei beim galaktischen Tor
a prächtige Villa mit allem Komfort?
Oder hint, bei de Wolkn, a Häusl, a netts?
Samt am eng'lischen Service, wenn ihr so was gern hätt's?"

G'rad de Frau is begeistert, staunend schaugt s' umanand,
er scho aa, doch ma merkt, er hod an sie hi an Grant:
„Mechst oiwei no dei' dynamische Kerndlkost lob'm?
Weil, ohne den Fraß waar ma längst da herob'm!"

Migranten-Grant

In ara Gegend mit ziemlicher Ausländerdichtn
is oft Streit zwischn mehra Nationen zum schlichtn.
Beispui: Hansastraß dreihundertacht, denn do wohnen
– in kloane Appartments, sogar mit Balkonen –
ganz ob'm a Türke, der „Nemeth" si nennt,
drunter a Italiener, der „Canna" aus Trient,

und im Erdgeschoss no der Algerier „Depart",
der is ned so gern g'sehng und er werd öfters g'narrt.
Und genau der kimmt neili ins nahe Revier
und klagt: „Nemeth hat auf die Kopf gespukt mir!
Du mechten nix glauben? Canna hat es gesehn!
Warum so viel Bösheit? Ich nix kann verstehn!"

Der Beamte, im Kauderwelsch sonst guad trainiert,
hod de Aussag anscheinend falsch interpretiert:
„Es hod oiso neamad g'schbiem Eahna aufs Haupt
und koana hod's g'sehn?", fragt a grantig und schnaubt.
„Wolln S' uns bloß verarschn, san S' gar deppert am End?"
„Oh oui, woher du wissen? Man mich Jean Depart nennt!"

Lokal-Logistik

I geh ins Lokal,
miassat dringend was essn.
's kimmt aa glei de Bedienung,
noo bevor i ganz g'sessn:
„Grüaß Gott, nehman S' Platz,
wos derf's bittscheen sei?"
I b'stell Kassler mit Kraut
und Kartoffelbrei.

„Dees Kassler, dees duat ma jetz
fürchterli leid,
is dummer Weise scho
ausganga heit!"
Mei Alternative waar
Kalbsnier'n-Brod'n.
„Is aa nimmer doo,
dees hams saudumm derrod'n!"

„Oder Krautwickerl hoid?"
„Hod a koane mehr vorn!"
„Und a Antn-Viertel?"
„Is scho lang g'stricha worn!"
Trotz Magenkrämpf' kimm i
schee langsam in Rage:
„Hobts a denn a Stafflei
in eira Garage?"

„Dee ham ma! Bloß, sogn s' moi,
für wos waar denn dee guad?"
„Mit **der** steigts doch **all** mitnand
mir aufn Huat!
Und sollt, weil's euch z'hoch is,
dees aa ned gelinga,
nachher könnt a mi wahlweis
am Götz vo Berlichinga!!"

„Und is euch dees „wahlweis"
am End aa no ned recht,
dann vo mir aus aa kreuzweise,
wann's oaner mecht!"

Platz-Patron

A rüstiger Rentner
schimpft ganz laut in der Tram,
dass de Leit' heitzutag
gar koan Anstand mehr ham.

„Jetz redn S' koan Schmarrn",
moant a Nachbar, „wo grad
oaner extra für Sie
doch sein' Platz freig'macht hat!"

„Dees sehn Sie zwar richtig,
aber Eahna entgeht,
dass mei fuaßkranke Oide
bis jetz oiwei no steht!"

Stimmungstief

Da Joe hod derzeit so an Grant,
dass gor nix eahm erheitern kannt:
I nimm eahm, trotz Protest-Gebrummel,
spontan mit auf an Jahrmarktsrummel,
bloß hoffend, er kannt Spaß do tankn
und kaam auf andere Gedankn.
Doch merk i scho nach kurzer Zeit,
ma koo nix findn, wos eahm g'freit!

„Zersägte Jungfrau?" „Lass dees Spui,
mir waar a hoiwe aa no z'vui!"
„Mords-Riesenschlangen!" „Gib a Ruah,
weil, Giftzähn' kenn i so scho gnua!"
Nach „Muselmanns Bauchtänzerin"
steht eahm no weniger da Sinn.
Bleibt bloß no oans, i hob's, genau:
„Subminiatur-Liliputaner-Schau!"

„So kloane Leit', wia dee do ham,
kriagst weltweit ned a zwoats Moi zam!"
I bin beeindruckt vo der Show,
anders der Kommentar vom Joe:
„Dees is jetz aa nix B'sonders g'ween,
i hob scho größere Zwergerln g'sehn!"
's hilft hoid bei so am Stimmungstief
glei gar nix, aa koa Superlativ!

Mühsam vascheicht

Gestern war 's Jubiläum
vo da Ortsfeierwehr,
und bei so was, do geht's scho
a bissl hoch her.
I drink meine fünf Maß,
kriach ins Bett erscht um drei,
mei, wia sollst an so am Morgn
nacha ausg'schlafn sei?

Hob an Wecker ned g'heert,
dann de Sock'n ned g'fundn,
und beim Endspurt Richtung Bahnhof
mi ganz saumäßig g'schundn.
Wiar i saus scho beim Gepäckwagn,
ganz dermatscht und lädiert,
fahrt da Zug mir vor da Nasn weg,
da Stress hod zua nix g'führt!

Erschöpft sink i auf a Bank,
eine Dame sitzt scho do,
deara dua i scheint's leid,
denn sie red't mi glei oo:
„Ach, Sie Ärmster haben wohl
Ihren Zug nicht erreicht!"
Und mei' grantige Antwort:
„Naa, i hob eahm vascheicht!"

O Mai, o Mai!

(Ein Bayer, der meist skeptisch ist,
war vorher auch mal Optimist)

Schluss mit der Wettersauerei,
Endlich is der April vorbei,
jetz herrscht der Wonnemonat Mai!
Mit Maibaum, Maibock und Maibowle
und ohne Wetterkapriole.
So g'hört si dees und so muass 's sei!

Sie ham ja recht, do braucht's koan Streit,
die Bowle is ned weit verbreit't
als boarische Gepflogenheit.
I daad mi aa do drum ned reißn,
dees G'söff is eher was für Preißn.
Soll jeder dringa, was eahm g'freit!

In Bayern freili, Jung und Alt
si liaber an den Maibock halt,
der Maß für Maß oam besser g'fallt.
Bis aufn Preis, weil der is heier
gelinde g'sagt scho sakrisch teier.
So vui hod ma no nia ned zoid!

An Maibaum ham mir, Nacht für Nacht,
im frostigen April bewacht.
Do trinkst scho was, dees warm di macht.
Müad sam mir worn: Do ham s' eahm gstoin,
de soll doch glei da Deifi hoin,
Zoid ham mir dann, dass 's bloß hot' kracht!

Jetz is da Mai fast scho vorbei,
dees Gelbe war er ned vom Ei,
ned amoi 's Wetter war okay.
Sogar d' Maikäfer san ausg'storb'n,
da Mensch, der hod scheint's ois verdorb'm.
D'rum kannst bloß klag'n: „O mei, o Mai!"

Dramatisches Defizit

De zwoa Professoren,
beides echte Germanisten,
früher g'fürcht' vo de Schüler,
jetzt betagte Pensionisten,
müassn heut wieder moi,
zwischn Weißwürst' und Bieren,
den Ruin unsrer deutschen
Dramatik kritisieren.

Moant da oa: „Wo gaab's heut no
was Neu's vo Bedeutung?"
„Richtig! Nix als wia an Schmarrn
im Fuilleton vo da Zeitung!"
„Ja, ma bräucht hoid wieder so oan
wia an Lessing, o mei!"
Moant da ander' nach'ra Pausn:
„… I hob hoid aa ned derwei!"

Manderl
&
Weiberl

Name für Dame?

Da Gerd Grube de Haar' si scho rauft,
weil sei Töchterl wird übermorg'n 'tauft.
Namen finden is schwer,
eahm g'foid hoid „Marie Claire"!
Aa, wenn s' dann als „Claire Grube" rumlauft?

Kannt ja sei, dass Gerds Absicht bloß is:
Mit dem Nama, do heirats moi g'wiss!

Après-Ski

A flotts Skihaserl, grad erst in Ness'lwang,
muass sofort auf de Pistn per Sess'lbahn.
Bis zum Hoamweg daad s' gern
scho an Herrn kennalern'n …
bei ihr'm Fahrstil?? … 'n Fahrer vom Krankenwag'n??

Spät-Steinzeit (Neolithikum)

Seiner Lebtag lang war der Karl-Theodor scho
a ganz furchtbar penibler und verlässlicher Mo.
Und exakt an sei'm Achtzigsten hod a, auf d' Nacht,
vier Wocha is 's her, seine Augn zuag'macht.

Doch scho lang vor sei'm Ablebn hod a peinlich genau
bis ins Oanzelne festg'legt, was de Heike, sei' Frau,
nach sei'm Tod in de Weg leit't und organisiert,
hod sogar no de Kosten dafür kalkuliert.

Für's Bestattungshaus „Frieden", dees war ned schlecht
                                                g'schätzt,
hod a – alles in allem – siebentausend festg'setzt.
Für'n Pfarrer zwoahundert, für d' Blasmusik vier,
zwölfhundert für 'n Leichenschmaus mitsamt am Bier.

Schließli sollt für an Stoa, aber scho für an g'scheidn,
am besten sei' Heike si selber entscheidn.
De Entscheidung war für d' Witwe, wia se sagt, gar ned
                                                schwer:
Für die vorg'sehn' fünftausend: oa Karat, Solitär!

Lore

Weiber, dee wo bloß singa dean,
auf dee sollt ma als Moo ned hörn,
schoo gar ned, wenn ma konzentriert
a Wasserfahrzeug navigiert!

Ganz früher war'n dees de Sirenen!
Schoo der Odysseus hat zweg'n denen
der Schiffsbesatzung ganz brutal
verrammelt jeden Hörkanal.

Außer eahm selber! Er wollt hörn,
wia solche Weiber oan betörn!
Bloß für den Fall, dass s' eahm verführn,
ließ er si voll am Mast fixiern.

(Wia ma ja woaß, aus guadem Grund,
sunst waar a glei davoo, der Hund!)

Doch aa am Rhein, vor langer Zeit,
gab's früher so a Weiberleut,
dee hod mit Singa nia ned 'geizt
und d' Männer zuadem optisch g'reizt,

indem sie, attraktiv blondiert,
beim Singa hod no 's Haar frisiert.
Die Show vo dera Rhein-Mamsell
war bereits audiovisuell!

Vom Schifferl-Steuern abgelenkt,
wurd mancher Mann durch sie ertränkt,
denn Weib und G'sang ham abgestumpft
sogar die männliche Vernunft!

Rheinländer, Holländer und Preißn
konnt' sie zur Unvernunft hinreißn.
Doch nia an Bayern! Auf koan Fall!
's gab ja koan Donau-Main-Kanal!

Zum klär'n waar jetzt bloß no der Name
vo dera lang verblich'nen Dame
mit folgenschwerer Singerei?
Das Weib hieß Lore. Lore Ley!

Süaße Fee

Ja, der Max, der oid Jungg'sell, an de fuchz'g werd a bald,
is jetz seit a paar Monat' ganz gewaltig verknallt.
Wer eahm kennt, koo dees schier gar ned glaub'm und
                                                    vasteh:
Seitdem draht si ois bloß no um sei ganz süaße Fee!

Aber neuli, do siech i an Max im Café,
ja i reib ma de Augn, **ohne** sei süaße Fee?
Und er gibt's aa glei zua: 's laaft hoid nimmer so schee,
weil de süaße Fee drängt eahm in den Hafen der Eh!!

So aus heiterem Himmel muass an Max dees schockiern,
fürcht er doch, er kannt gar no sei Freiheit verliern!
Und aa finanziell, moant er, kannt's eahm nass einageh,
weil vui Kleider, Schuah, Hüat, und so Zeig braucht a Fee!

„'s is doch besser, wann i selber koo schaltn und waltn,
und hob ned dazua noo a Fee zum derhaltn.
Wenn i heirat, nachher end i bestimmt als a alter,
vo de andern bedauerter Fee-Derhalter!"

Ned z'oid, ned z'jung

Jo mei, aa wann's eahm gor ned g'foid,
da Wast werd hoid schee langsam oid,
und, seit mir sei Bäurin ei'groom ham,
werd der wuide Hund a weni zahm.

Doch plötzli gibt's im Dorf a G'red:
's hoaßt, dass da Wast a Freindin hätt!
Vui z'jung soll s' sei für so an Oidn!
Vielleicht woll'ns gar no Hochzeit hoitn?

's Stammtisch-Verhör zum Thema Braut:
„Ob dees denn gang? Was er si traut?
Und denkn sollt er aa ans Geld,
weil so a jungs Weib Ansprüch stellt!"

Der Wast siecht dees Problem legerer:
„A junge frisst doch aa ned mehra,
und gegn 's Jungsei brauchst nix doa,
weil – älter wern duad s' von alloa!

Koit dawischt

Kräftig war a, der Max,
fast scho schwergewichtig,
leicht erregbar und …
fürchterlich eifersüchtig.

Neili kimmt a zeitig hoam
und hod sofort entdeckt,
dass, ja gibt's dös, bei da Elfie
nach Tabakrauch schmeckt?
Glei muass a d' Wohnung durchsuacha
von vorn o bis hintn,
doch ned de Spur vo am Mannsbuid
kon a irgendwo findn.

Erschöpft geht er zum Fenster,
schaugt nach unt und entdeckt,
dass do drunt si' grad oana
a Zigarettn osteckt.
„Dees is a!", durchzuckt's eahm,
„ja, den Kerl, den bring i um!"
Und scho packt er, voll in Rage,
glei dös nächstbeste Trumm:

Des is da Kühlschrank, den er sofort
aufs Fensterbrett lupft,
dabei hod er si saudumm
im Kabe verschlupft!

's is scho z'spat! Max und Kühlschrank
stürz'n aufs Trottoir!
s Resultat san zwoa Tote,
traurig zwar, aber wahr!

Szenenwechsel:
Sankt Petrus an der Himmelstür:
„Sakra…, was is scho wieda
für a Andrang heit hier?"
Es meldt si da Erste:
„Ja, was soll i ander's sogn,
mi hod mittn aufm Gehsteig
a Kühlschrank daschlogn!"

Und da Nächst', a Trumm Mannsbuid:
„Es is hoid so passiert,
vor am Fenster hob i grod
mit am Kühlschrank hantiert,
hob eahm g'lupft und do dabei mi
im Kabe verheddert,
und do hod's mi vom drittn Stock
auf d' Straß obi g'schmettert!"

„Und du, zitt'rigs Bürscherl?",
fragt da Petrus indigniert,
„was hod di denn so bald scho
an de Himmelstür g'führt?"
„Mei, i woaß bloß no oans,
ois and're hob i vergessn,
i bin ahnungslos frierad
in am Kühlschrank drin g'sessn!"

Geburtstagskompliment

Fast alle Damen dean gern mogln
vo da Wiegn bis zur Bahr,
de oan deans öfters, andre seltn,
dee, dee's gar ned dean, san rar!

Dass 's aa ohne Mogln gangad
is bewiesn, wasserdicht:
Nehmts ois Beischpui bloß dee Männa,
weil dee mogln praktisch nicht!

Wia und mit wos Damen mogln,
dees sprengt jede Dimension
und langt vom Eyeline-shadow-Pinserl
bis Lifting oder Silikon.

Und aa heit wead wieda g'moglt,
aber falsch rum, liabe Leit',
weil's Geburtstagskind uns weismacht,
dass sie werad sechz'ge heit'.

Warum beim Jubiläum mogln?
Jeder merkt dees doch sofort!
Liaba einigt ma sich gütlich:
„Sagn ma fuchzig! Letztes Wort!"

Willis allerletzter Wille

's huift nix, der Willi liegt im Sterb'm.
Sei Res, de werd dees ganz Sach erb'm.
So weit is 's g'regelt und bered't,
bloß wia's hoid sonst so weitergeht,
ob sie si umschaugt nach am Moo,
dees, moant a, gang eahm no was oo!

„Na dua de hoid mi'm Neuwirt z'sam!"
„Oje, ned g'schenkt mecht i den ham!"
„Der Neuwirt waar doch a Partie!"
„Der Sigi kammad eher hi!"
„Mei, für an Sigi bist doch z'oid!"
„Bloß, dees waar oana, wo mir g'foid!"

„Hast du mit dem gar scho was g'habt?"
„Spinnst jetz oder bist überg'schnappt?"
„Warum nimmst dann an Neuwirt ned?"
„Weil liaber i an Sigi hätt!!"
„Was wuist denn mit dem Hungerleida??"
…………………
„Jetz stirb moi z'erscht, na seh ma weida!!"

Todsichere Geldeinlag

A bissl a Bazi
is er oiwei scho g'ween,
g'lernter Schneider, später
Viechhandler Theobald Schön,
auf de oidn Tag' leutscheu
und recht misstrauisch gar.
Nix für unguad, wo doch
grad erst sei' Beerdigung war!

Zwar war nix eahm so gründli
ois wia 's Schreib'm verhasst,
trotzdeam hod er a Testament
für sei' Thea verfasst.
A Überraschung hätt's wern solln
und war sicher guad g'moant,
aber kaum hod se 's g'lesn,
hod s' gottsjämmerlich g'woant!

Ma daad denga, dass a Witwe
eher froh is und lacht,
wenn der Mo ihr überraschend
an Diridari vermacht.
Mei, der Theo hod sei' Lebtag
hoid koa Bank nia ned mögn
und 's Finanzamt hod's mit so oam
ned ganz leicht g'hobt deswegn.

Trotzdem hod er sei' Geld ned
in d' Matratz'n neig'steckt,
naa, do hod er für si scho
was ganz B'sonder's ausg'heckt:
Sei' Ersparts, grad dees schwarze,
hod a sehr akkurat
bei sei'm Sonntagsg'wand hoamli
schee ins Fuader neig'naht,

sozusogn als maßg'schneidertes
Einlag-Verfahrn,
streng geheim, im Testament erst
hod's sei' Thea erfahrn!
Und jetz woaß s' ned, was s' doa soll?
Soll s' dees schee Geld verliern?
Oder aber an Theo
– in Gott's Nam' – exhumiern?

Eis-Pirouette

Der Morgen is frostig, 's hod no wenig Verkehr.
Mit mei'm Käfer fahr i gmüatli hinterm Omnibus her,
will beim Lamm-Wirt links ab in 'n Marktplatz eibiagn
und steig kurz auf die Brems, um die Kurv' besser z' kriagn.

Aus heiterem Himmel is 's dann plötzli passiert:
Mei Auto – ja dees gibt's ned – hod ganz langsam rotiert,
und zwar wia ausi'zirkelt um hundertachtz'g Grad,
wobei's d' Straßenseitn aa no ganz präzis g'wechselt hod.

Wer ahnt denn, dass de Nacht zuvor Gäste vom Lamm
a paar Kübe voll Wasser auf d' Straß nausg'schütt ham,
und beim Bremsen bloß as Vorderrad links kimmt zum
                                                    Greifn,
weil alle drei andern auf a'ra Eisfläche schleifn?

I drah 's Fenster nach unt, no recht kaasig im G'sicht,
als mi ganz überraschend a nette Dame anspricht:
„Jessas, hod's Eahna draht! Wia is dees denn passiert?"
„Wissn S', so kehr i oiwei um, wenn's mer pressiert!

Duad ma leid, i muass weida, scheene Frau, hod mi g'freit!"
Und i fahr die falsch Richtung, zwengs der Glaubwürdigkeit.
Ja, mei Auto is ganz blie'bm und mei Scherz hod funktioniert,
und – mit der „recht netten Dame" bin i heit no liiert!

Aussichts-Los

Im Bus sitzt einer, friedlich zwar,
doch sehr betrunken offenbar,
rülpst manchmal herzhaft aus sich raus
und stiert mit starrem Blick gradaus,

in Richtung einer Dame, die
zufällig ihm sitzt vis-à-vis.
Die ist nach allem Augenscheine
ganz sicher nicht der Schönsten eine,

was auch dem Trinker aufgefallen,
denn plötzlich fängt der an zu lallen.
Nur mühsam bringt er es heraus:
„Gnä' Frau, mei, schaugn Sie greisli aus!"

Die Dame reagiert empört:
„Sie sind betrunken, unerhört!"
„Dees sehg'n Sie richti", lallt er schüchtern,
„bloß, … i bin morgn früah wieder nüachtern!"

Ottokarins Happy End

Recht happy war a Bajuwar
und z'frieden über viele Jahr',
bis eines schönen Tags

er dann sei' Bajuwarin fand.
Dee hod eahm 'bracht um sein' Verstand:
Sei' Herz hod kriagt an Knacks.

Doch schüchtern is er, traut si ned,
dass er sei' Liab ihr eingesteht,
er hüllt si bloß in Schweig'n.

Galantes Zeigl vo sich geb'm,
dees kann er eben nia im Leb'n,
manche Bayern san do eigen!

Mei' Rat: „Beim nächsten Herzens-Knacks:
Ergreif dei' Chanc'n mutig, packs,
knacks so, dass sie's aa hört!

Was nutzt da ärgste Knacks im Herz,
und was der ganze Liebesschmerz,
vo dem sie nix erfährt?"

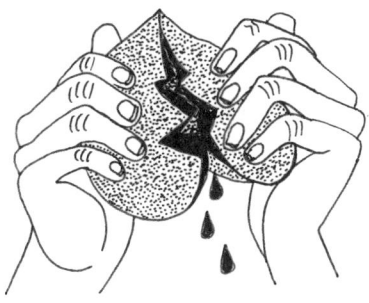

PS: Der Bajuwar hoaßt Ottokar
und is verheirat' seit am Jahr
mit der geliebten Karin.

Er hod bezogn – in Liebestrance –
den Rat „Pack zu!" statt auf die Chance
physisch auf die Bajuwarin!

Und so gab's no a Happy End,
wia's happyer gar ned sei könnt.
Es freun sich Herrn und Damen.

Und die Moral vo dera Geschicht?
Die intressiert hier weiter nicht.
Dank sei dem Himmel! Amen!

Aus Bayern va-scheicht

Seinerzeit, mei, war da Max do
in sei' Lenerl vaknallt,
bloß is leider nix worn draus,
ja so geht's manchmal hoid.
Lenerls Vater war dagegn,
sie hod nachgeb'm: Max ade!
Doch vascheicht glei bis ins Ausland
hod eahm d' Schwiegermuata in spe!

Woaß Gott wo war er, fern der Hoamat,
unterwegs als Monteur,
jetzt auf Urlaub und am Stammtisch,
do vazählt er a weni mehr.
Länger blieb'm is er in Riad,
bei de Saudi-Scheich drunt'n,
und hod do sogar a zwoats Moi,
sei' ganz große Liebe g'fundn:

„So a buidscheenes Madl
findst fei ned glei auf dera Welt,
oiwei liab is s' und recht handsam,
und sie hod sogar a weng a Geld!
Doch i woaß ned, soll i drunt bleib'm,
weil i moan scho, do hab i's schee?
Bloß do drunt is hoid aa de Schwiegermuata,
de sau-di-arabische!"

Kaum zum glaub'n, was 's ois gibt!

Breziös

In Ir(r)see gibt's a Standl, am Bahnhof, ganz drent,
dees hod **nix** ois wia Brezn im Sortiment.
Jeden Tag uma sieme hod dees Standl scho auf
und a älteres Weibal macht an Breznverkauf.
Vo de täglichen Fahrgäst' fast a jeder sie kennt
und aa ihre Brezn, dees Stuck für fuchz'g Cent!

Und an jedem Tag, ung'fähr um hoiwe drei,
– i geh nämli oft um de Zeit do vorbei –
kimmt a ganz unauffälliges männliches Wesen
ans Standl und legt fuchzig Cent aufn Tresen,
Aber sagt nix und duat nix, ja bleibt ned amoi steh,
und nimmt aa koa Brezn, muass scheint's glei wieder geh.

Ois dees werd vo da Brezn-Madam ignoriert,
de aa nix dazua sagt, bloß dees Fuchz'gerl kassiert.
Außer gestern, ja do ruaft s' eahm doch glatt hinterher:
„I muass Eahna was sogn, entschuldign S', der Herr!
Nacher wiss'n S' es glei, sonst san S' morgen erbost,
dass nämli a Brezn ab jetz **sechzig** Cent kost!"

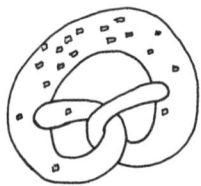

Investment-Löwenanteil

Zwoa boarische Löwen san ganz illegitim
aus'm Zoo hoamli abg'haut und dann glei drauß'n blieb'm.
Kurz drauf gengan de zwoa aber scho ausanand,
weil der oa wui' auf Minga und der ander aufs Land.

Doch Kontakt wollten s' hoit'n: „Also ausg'macht, o.k.!
Seh mer uns nach am Monat in Leoni am See?"
Ja, und vier Wochn später, auf an Löw is Verlass,
treffan se sich tatsächlich in der Seeuferstraß!

Doch da oane, o Schreck, is nach dene paar Wocha
beinah nimmer zum kenna und bloß Haut no und Knocha.
„Aufm Land konnst als Löwe ja kaum existiern,
weil dee vo da EG di ned subventioniern!"

„Bloß, jetz **sog** amoi **du**, kugel**rund** und vollg'fressn,
in was für'm Schlaraffenland bist **du** denn g'wesn?"
„Durch an Insidertipp hob i, ganz ungeniert,
bei da Boarischen Landesbank mi einquartiert,

und do hob i fast jeden Tag, fröhlich und dreist,
nembei an Investment-Spezialisten verspeist.
Vo der Sortn ham s' **so** vui, de kunnst fast ned zähln,
drum hod koaner dees g'spannt, dass do jetz a paar fehln!

Moant da ander: „Vergleichsweis erstaunt's jedenfalls:
Wennsd als Bär bloß a Schaf frisst, hosd an Stoiber am Hals!"

Volkshochschui, do lernst vui!

Beim Joe, do hod ma scho dees G'fui:
Stolz is a auf sei' Volkshochschui!
Und neili moant a, 's waar des Best,
ma machat moi an ganz kloan Test,
weil dann a jeder feststelln kannt,
in dene Kurs' lernst allerhand!
Der Vorschlag werd glei akzeptiert,
der Franz als Testperson fungiert:

„Franz, host scho vom **„Strawinsky"** g'hört?"
„I wüsst ned moi, wia g'schrieb'm der werd!"
„Und was fangst mit **„Kandinsky"** oo?"
„Is dees a Lutscher oder so?"
„Is dir **„Polansky"** a Begriff?
„Naa, nia g'hört! Leider! Negativ!"
„**I – woaß** dees **ois**, weil g'lernt mir's ham,
du siechst scho, Franz, do kimmt was z'sam!"

Jetz muass da Franz dageg'nfrogn:
„Joe, konnst was übern **„Schlitzky"** sogn?
Konnst **ned?** Mensch, **ohne** Volkshochschui
woaß über **den** i doch so vui,
dass, wann ihr in da Schui dischgriert,
der Kerl derweil dei' Frau poussiert!
Und do draus schliaß i jednfois:
In dene Kurs' lernst aa ned ois!"

Ganz rechts

Bei der Autobahnstreife Bruchsal
do ham s' oan, der is stur und brutal:
Wer si ned ganz rechts halt,
der wird g'stoppt und der zahlt!
So a Mo is doch rechtsradikal!!

Rechenschaftsbericht

Da Herr Junior vom Gartenmarkt Lauf'n,
der vadeant, frisch befördert, an Hauf'n:
's Rechen-Zentrum alloa
war für eahm lang scho z' kloa,
jetz betreut er aa Gabeln und Schaufeln!

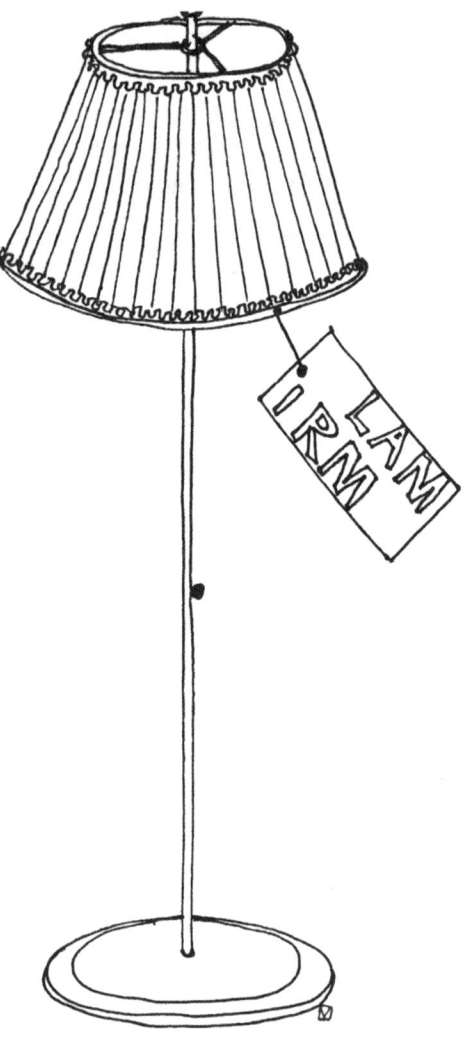

Da Mensch

Da Mensch is scho seit alters her
im groß'n Ganz'n a Malheur.
Sogar als Dichter muasst di schindn:
Auf „Mensch" konnst hoid koan Reim ned findn!

Da Mensch is scheinbar so verfemt,
dass a jed's Wort si für eahm schämt.
Wörter san Tausend' in Verwendung,
bloß hod ned oans de gleiche Endung.

Im Zweifl hob i denkt, i suach
trotzdem amoi im Wörterbuach,
frag Professorn vo da Linguistik,
dee g'lernt ham aa auf Germanistik,

ob si ned doch was reimt auf „Mensch"?
Und, zuafälli, find i an „PENSCH"!
Ma braucht scho, dass ma 'n findt, vui Glück,
dem Lam PENSCH irm sei' Mittelstück!

Da Logiker

„Ja Fritz, bist as wirkli?
Lass di sehn vo hint und vorn!
Von da Schuibank mei Nachbar!
Sog, was is aus dir worn?"
„I bin Logiker, dees is oaner,
der wo de Faktn vorg'legt kriagt,
und der nachher präzis
seine Schlüsse draus ziagt.

Nimm a Beispui: I frog di,
obsd a Aquarium hosd z' Haus?
Du sogst Ja, und scho kriag i
a poor Schlussfolgerungen raus:
Aus Aquarium folgt Tierfreind,
Tierfreind' dean aa Kinder mögn,
und wer Kinder mog, heirat'
und koo ned schwul sei deswegn!"

„Ja, dees stimmt ois! Jetz kapier i,
was a Logiker duad!
Es war schee, di zum treffa,
Servus Fritz und mach's guad!"

Kurz drauf siech i an Franz
und vazähl eahm vom Fritz.
„Der is Logiker worn?"
„Ja dees is doch a Witz!

Unser Fritz war in Mathe
doch ois andre als guad!
Aber sag moi, woaßt du denn,
was so a Logiker duad?"

„Freili woaß i 's, dees is oaner,
der wo de Faktn vorg'legt kriagt,
und der nachher präzis
seine Schlüsse draus ziagt.

Kimm, i stell dir, bloß als Beispui,
eine Frag, kurz und cool:
Hosd a Aquarium?"
„Naa, i hob koans!"
„Do draus folgt: Du bist schwul!"

Optische Täuschung

De zwoa Türm' vom Münchner
Liabfrauendom,
de san derzeit eing'rüst'
vo unt'n bis ob'm.
Der kloa Hansi schaugt nauf
und moant: „Babb, do ganz drob'm
seh i irgendwas Weiß's,
was 's is, kon i ned sog'n."

„Ebbas Weiß's? Aufm Baug'rüst?
Und ganz drob'm? Ja mei,
dees kon fast gar nix ander's
als a Maurer bloß sei!
Aber wenn i 's überleg,
dad i 's eher ned glaub'm:
's is halb oans! Und es rührt si! …
Nacher is es a Daub'm!"

Henkel trocken

Im Café drent in Irsee
lasst si 's oaner recht guad geh,
er b'stellt 's dritte Moi scho
si a Haferl Kaffee.
Mit 'm Kaffee giaßt er d' Bleamen,
scheinbar macht der dees immer,
nacha klopft er, mit am Hammer,
des ganze Haferl in Trümmer.

Bloß an Henkl lasst er oiwei ganz,
legt 'n achtlos auf d' Seitn,
aus am Rest duad er, fein derbröselt,
si sei Mahlzeit zuabereitn.
Und dee isst er, ganz genüssli,
ja ma siecht, wia's eahm schmeckt,
weil er aa no am End si
seine Finger abschleckt.

An am Tisch ganz in da Näh
sitz'n aa no anderne Leit',
de si schee langsam wundern
und de Köpf' schüttln mit da Zeit:
„Hobts an g'sehng, den Verrucktn,
wiar a frisst sein' Brös'ldreck?
Und dees wirkli Delikate,
nämli d' Henkel, schmeißt er weg!"

Vambiere

Graf Dracula fährt heut, weil 's Wetter so schee,
a bisserl spaziern mit sei'm Cabriolet,
kriagt an sakrischn Durscht, zwar ned auf a kühls Bier,
sondern auf ebbas Wärmer's, mei so san s', de Vampir!

Ganz zuafällig kimmt g'rad a Radler entgegn.
Der Graf halt eahm auf, duat de Beißer oolegn
und hod auf der Stell und in oam Zug, ung'logn,
bis aufs allerletzt' Noagerl eahm **so**fort ausg'sogn.

Ganz egal, ob jetz Bayer oder ob Transsilvaner,
auf am oanzig'n Hax steht vo dene zwoa kaaner.
Und weil aa der Graf bloß bei oam Drink ned bleibt,
hod er **no** amoi an Radler si einverleibt.

Nächste Ortschaft. Polizei!! Er werd prompt ausse g'wunkn:
„Grüß Gott! Verkehrskontroll'! Was ham ma denn 'drunkn?"
Graf Draculas Antwort kimmt spontan und sofort:
„An ganzn Tag bloß zwoa Radler, sonst nix, Ehrenwort!"

Leit' gibt's …

Weswegen nicht sägen?

A Berserker-Heimwerker aus Steg'n
daad nix liaber als hämmern und sägn.
Warum er's dann ned duat,
wenn's eahm so liegt im Bluat?
„Weil schoo drei Finger fehl'n! Deswegn!"

Magerquark

A mehr molliges Madel aus Minga
fuadert vier Wocha nix, duad bloß tringa.
Jetz is endli sie schlank,
bloß, wen wundert's, aa krank!
Wia soll s' jetz auf der Casting-Show singa?

Wennsd an Handwerker brauchst …

In am Affenzahn saust er, weil's eahm hoid so guad g'foid,
ziemli kerzngrad oba, hod an Fallschirm umg'schnallt.
Und jetz ziagt er de Reißlein, aber sacklzifix,
ziagt und reißt wiar a Wuida, bloß do öffnet si nix!

Wenn da so was passiert, dees schlagt scho auf'n Magn,
weil do woaß aa da Dümmste, 's letzt Stünderl hod g'schlagn.

Aber wiar a verzweifelt an Blick wirft nach drunt,
kon er 's beinah ned glaub'n, weil do kimmt was von unt
eahm entgeg'n, in am blauen Mechaniker-Gwand,
in der Recht'n an Hammer, links a Rohrzang in der Hand.

Er schreit uma: „Bist du oana, der wo Fallschirm' repariert?"
„Naa, i bin mehr auf Gasflaschn spezialisiert!"

Bodos Bildung

Eines hat Bodo sicher, nämlich Geld wie Heu,
alles andre ist ihm ziemlich einerlei,
außer seinem Bestreben, sich fein auszudrücken.
Jedoch zeigt da sein Sprachschatz erhebliche Lücken!

Neulich war er zum Shopping mal wieder in München,
um was Schönes zu suchen für sein liebes Jeanninchen:

Die Herrn bei Cartier, die ihn eifrig bedienen,
empfehln ein Collier mit zwanzig Rubinen
und zwölf Amethysten, in Platin geführt,
wo ein 4-Karäter im Zentrum brilliert!

Der Bodo am Handy: „Hasi, griaß di aus Minga!
Heit wer' i moi wieder wos ganz Scheens mitbringa.
A piekfeiner Juwelieeh, er hoaßt si Kartihr,
der hätt do aus Platin a wunderscheens Kollihr,

dees glei zwanzig diaf-rote Rabbiner enthält,
zwischndrinn san zwölf Antisemiten aufg'stellt.
Aber ganz klar des Beste an dem Prachtstückl is
dieses 4-Karate-Zentrum, ganz g'wiss!"

Doch Jeanninchen, wohl noch müde und unkonzentriert,
wird durch Bodos Message irgendwie irritiert:
„Is denn ned scho unser Judo-Kurs lästig grad gnua?
Was, zum Deifi, nimmst jetz aa no Karate dazua?"

Bodos Einbildung

Der Bodo is fürs Tennisspui
begeistert wia da Deife.
Es gibt nix, was er liaber wui,
und vo sei'm Spui do hält er vui,
manch andre ham do Zweife!

Und Bodos Trainer is recht nett,
do gibt's koa G'schroa, koa Tobn.
Er hod ganz g'wiss vorm Kopf koa Brett,
aa wenn er 's Nötigste bloß red't,
sparsam is er aa mi'm Loben.

Dezent a Lob zu provoziern,
Bodo probiert's mi'm Frogn:
„Schlechtre wia **mi** wern S' oft trainiern?"
Doch der Trainer mag ned reagiern,
er wui scheint's nix drauf sogn.

„'s gibt gwiss vui Schlecht're als wia mi?"
Bodo möcht a Antwort hörn!
„I denk ja scho de ganz Zeit hi,
ob oaner schlechter war wia Sie,
bloß, … i kon's jetz ned beschwörn!"

S. Maier stark in Steiermark

Junger steirischer Torwart hod g'wett',
dass den Maier Sepp er schlagn tät.
Doch gegn den Steiermärker
war der Sepp Maier stärker.
Logisch! Sonst waarn de Profis ja blöd!"

Tonangeber

G'rad in Bayern geb'm die Preiß'n, hurrah,
gern en Ton an mit Glanz und Gloria.
Braucht's dazua denn an Preißn?
Naa! Und i kanns beweisn:
Tonangebend is a Stimmgabl aa!

Grenzfall

's is no ned so lang her, vielleicht an de vierz'g Johr',
dass dees Wuidern a boarischs Spezialdelikt war.
Und weil dees Schengener Zeigl do no ned war in Kraft,
hod ma aa a weni' g'schmugglt, mei wia's hoid a so laaft.

Ja, da Wast, wo a jung war, hod oamoi ungeniert
glei dees Wuidern und Schmuggln mitanand kombiniert.

A in Öst'reich g'schossne Wuidsau, a saumäßig schwaare,
auf Bayern nei z' bringa als Spezial-Schmuggelware,
is fei scho a Problem, ned zum damacha alloa,
und drum hod si da Wast mit 'm Schorsch z'samma doa:

Aufm Rücksitz vom Schorsch sei'm VW ham s' bei Nacht
de Sau richti neig'setzt und rundrum z'recht g'macht,
mit ara Deckn, a'm Kittel, mit Schal, Bruin und Huat,
und, ma mechats net glaub'm, dunkel is 's – es geht guad!

Der Grenzer, der wo grad den VW durchg'winkt hod,
geht glei nei zua de andern und er lacht si halb dod:
„Also, **Leit' gibt's**, so greisle, so schiach und derhaut,
in dem Käfer, do hod oana wiar a Wuidsau ausg'schaugt!"

's Geheimnis vom Königssee

Da Fischer vo Sankt Bartl'mä
der spuit de Trompet'n so schee.
Es is aa sei Bruader
a Bläser, a guader,
der 's Echo blast drob'm vo der Höh!

A fassungsloser Looser

Dem Elektriker-G'selln aus Bockhorn
schwelln sämtliche Adern vor Zorn!
Deutli hörst, wiar a fluacht,
grad als ob er was suacht?
Klar, er hod hoid sei' Fassung verlorn!
(E14 Bakelit)

Da wahre Poet

Ja, da wahre Poet bringt Ästhetik und Geist
aa auf dees Papier, dees er glei in Müllkübe schmeißt,
wodurch ned ganz zu Unrecht da Eindruck entsteht:
So a wahrer Poet is aa irgendwia bläd!

Früher war a verschrieb'ns Papier no von Nutzn,
und sei's bloß aufm Häusl zum Hintern abputzn.
Heitzutag rat i koam, dass er dees ausprobier
mit dem hochglänzend arschglatten Laserpapier.

Doch nach Meinung vom Bayrischen Dichterverband
is zur Zeit dees Problem ziemli irrelevant,
weil Poeten fast nix ham zum Nagn und Beiß'n.
Dee brauchn drum kaum a Papier nach'm Speisn.

Himmels
Bodenpersonal

Koa Zölibazi

A Kaplan, jung und fromm, in Bordeaux,
der werd do seines Lebns nimmer freaux,
weil de Weiber san scharf
auf dees, was er ned darf.
Waar er Mesner, na derfat er's scheaux!

Segen bringt Regen

Da Herr Pfarrer vo Reg'n am Reg'n
bet't am Sonntag oiwei nach'm Seg'n
bei ra Hitzeperiod
flehend zum liabn Gott
um mehr Reg'n für Reg'n am Reg'n.

(Und scho oft hod's dann g'regnt desweg'n!)

Pastoralassistent

Jedn Sonntag a Predigt
is für'n Hochwürdn unumgänglich,
bloß für uns, dee ma zuahörn,
werd's hoid oft a bissl länglich.
Manchmoi duad er mit Wortn
glei dees Höllnfeuer schürn,
aber grad so guad kon er
ganz poetisch doziern.

So hod neili er die Wunder
vo Gottes Schöpfung aufdeckt:
„Schaugts und segts, dass in am Grashalm
a ganze Predigt drinna steckt!"

Dienstag drauf geh i mittags
hint beim Pfarrgart'n spaziern,
und do siech i an Hochwürdn
an sei'm Rasenmäher hantiern.

I geh glei zua eahm eini,
mei, er is scho ganz g'schafft,
weil der rot lackierte Deifi
hoid bloß stinkt und ned lafft.
„Lassn S' mi probiern, Herr Pfarrer,
i versteh mi auf solche Sacha
und huif gern, Eahn're Predigt'n
a bissl kürzer zum macha!"

Tonabnehmer

Zwischn Ziageleigruabn und am
Fuaßballplatzrand
liegt oiwei so a loambaazads
Zeig umanand,
und de Dorfbuam, de Dreckbärn,
aber aa de kreativn,
dean si ab und zua ganz gern
in dee Knetmass vertiefn.

So wia grad da kloa Fredl,
der den Drang heit verspürt,
dass er glei de ganz Ortschaft
aus sei'm Loam modelliert.
So a Zufall! Jetz kimmt aa no
da Hochwürdn vorbei,
„Ja was machst denn scheens, Fredl,
sag, was soll dees ois sei?"

„Dees is d' Schui, dees de Kirch,
do de Feierwehr und da Schmied,
do da Wirt und sei Parkplatz,
do 's Gewerbegebiet.
's braucht no Kinder vor der Schui
und do hint a poor Bam
und vielleicht a poor Manschgal,
de beim Wirt kemma zamm."

„Wunderbar", moant da Hochwürdn,
„bloß oa Kloanigkeit fehlt:
Vor d' Kirchn, do g'hört doch
no a Pfarrer hig'stellt!"
„Mei, i miassat hoid schaugn",
moant da Fredl charmant,
„ob i mit am allerletzn Dreck
aa no an Pfarrer baun kannt?"

Ein Zug nach irgendwo

Dass es heitzutag so was ned gaab, dees is klar,
weil so saufan s' jetz nimmer als wia vor fuchz'g Jahr'.
Und weil damois de Auto no a Seltenheit war'n,
is ma, wenn überhaupt, mit der Eisenbahn g'fahrn.

Und am Fahrkartenschalter, mittlerweile ausg'storm,
do is oaner dring'sessn in a blauen Uniform
mit silberne Knöpf', und der hod ohne Frust
a Billett oam vakaft und aa d' Abfahrtszeit g'wusst!

(An seiner Stell steht heit a Blechkistn, lackiert,
de wo Knöpf' hod aus Plastik und fast nia funktioniert.)

Extra furtg'fahrn zum Saufa san s' grad oamoi im Jahr
vorzugsweise nach Minga, wann 's Oktoberfest war.
Seinerzeit hod der Wast amoi im Vollrausch-Blackout
sei' Rückfahrt vo da Wiesn beinah gründli verbaut.

Wortlos steht er vorm Schalter, sagn kon er fast nix.
Der Beamte: „Was wuist an jetz, sabberdifix?"
Mühsam schafft er de Antwort: „A Billett'l, was sunst?"
„Und wohii', wannst ma dees vielleicht aa no sagn kunnst?"

„Scho de ganze Zeit brummt ma da Schädl, o mei,
aber wo i dahoam bi, fallt ma heit nimmer ei!"
Nomoi denkt er scharf nach, nachher lallt er, da Wast:
„Vielleicht zoagst amoi her, was d' auf Lager ois hast!"

Aber dees hätt er doch besser ned solln sagn,
weil dem andern platzt langsam da Uniformkragn:
„Was fahrst Sonntags in d' Stadt und besaufst di wia bled,
grad wia wann eier Kaff gar koa Wirtschaft ned hed?

Doch bevors d' jeden Sonntag as Saufa ofangst,
waar's g'sünder, wannsd zum **Pfarr**er in d' **Kircha** nei gangst!"

Plötzlich, kaum hat da Wast dee Predigt vanumma,
is scheint's die Erleuchtung über eahm kumma:
„A Wunder vom Himme, Mensch, i find wieder z'ruck!
Bitt'schee oamoi Pfarrkirchen! Und wann geht da nächst' Zug?"

Pfarrer unser im Himmel

Unser Dorf is katholisch,
doch seit über dreiß'g Jahr'
a Pfarrei ohne Pfarrer,
weil de san jetz hoid rar.

Von unserm oidn Dek**an,**
b'sonders vo sei'm Humor,
vazähln s' **heit** no vui G'schichtn,
und fast alle san s' wohr.
Ned moi d' Orthographie
is verschont vo eahm blieb'm:
Manchmoi hod er, wenn s' eahm g'fuchst ham,
z'ruck ans „Ordi**narr**iat" g'schrieb'm.

Moi is der Weihbischof do g'ween
zuara Visitation.
Für'n Dekan wars koa Festtag,
doch für sein' Dackel a Sensation,
zwengs der Abwechslung, oder bloß
zwengs dem farbign G'wand?
Jedenfalls war dees Hunderl
vor Freud außer Rand und Band!

„Mein Gott, Waldi, wia umschwanzelst
du den roten Talar?
's is bloß da Weihbischof! Und du werst ja
eh nia Domkapitular!"
Dees besondere Düpferl
an dera G'schicht war:
Der Dekan, Waldis Herrchen,
der hieß selber Waldemar!

Sogar kurz vor sei'm Tod,
den er kumma hod g'sehn,
is er, sagt ma, ganz ruhig,
ja fast fröhlich g'stimmt g'ween.
Sei' Begründung: „Nix G'nau's woaßt ned,
aber lacha müasst i gwiss,
wenn am End nacher rauskamat,
dass grad **unser** Glaub'm der falsche is!"

Heutzutag im Advent

Advent, die besinnliche Zeit im Jahr?
… Schee waars, wanns so waar! …
Die Leuchtreklam überoi vui heller no brennt,
denn bloß oaner scheint wichtig: der Konsument,
… heitzutag im Advent.

Advent, die ruhige Zeit im Jahr?
… Schee waars, wanns so waar! …
Jeder stresst si und werkelt und hetzt wia verblend't
und zuageh duats rundum, dass ma fast si darennt,
… heitzutag im Advent.

Advent, die friedliche Zeit im Jahr?
… Schee waars, wanns so waar! …
Für an guad'n Zweck werd mancher Euro gern g'spend't,
bloß der Streit mitm Nachbarn, der wird ned beend't,
… heitzutag im Advent.

Advent, die stille Zeit im Jahr?
… Warum mach' mer's ned wahr? …
Dass ma Ruah und Fried'n und Zeit ananda gönnt
und des Streiten vergisst, dees waar doch a Trend
… heitzutag für'n Advent.

Inhalt